COMPTER SANS SON HOTE

PROVERBE

PAR Melle AUGUSTINE BROHAN

Joué pour la première fois
au bénéfice des Enfants pauvres de la Ville de Paris
dans les salons de l'Hôtel Forbin Janson
le 13 mars 1849

SE VEND AU PROFIT DE L'ŒUVRE

PRIX : 2 FRANCS

PARIS

PERROTIN, LIBRAIRE-ÉDITEUR

PLACE DU DOYENNÉ, 3, ET BOULEVARD MONTMARTRE, 22

—

1849

COMPTER SANS SON HOTE

DE L'IMPRIMERIE DE CRAPELET

RUE DE VAUGIRARD, 9

COMPTER SANS SON HOTE

PROVERBE

PAR Melle AUGUSTINE BROHAN

En faveur de la raison, faites grâce au badinage.

PARIS

PERROTIN, LIBRAIRE-ÉDITEUR

PLACE DU DOYENNÉ 8, ET BOULEVARD MONTMARTRE, 22

1849

COMPTER SANS SON HOTE

Personnages.

LA DUCHESSE DE PRADINES.   Mlle BROHAN.

LE MARQUIS.   M. LE COMTE DE N.

LUCY.   Mlle BERTIN.

COMPTER SANS SON HOTE.

Petit salon ; causeuse au coin de la cheminée ; feu ; piano ouvert ;
une glace sur le piano ; une fenêtre.

SCÈNE PREMIÈRE.

LA DUCHESSE, LE MARQUIS.

(Ils entrent au fond.)

LA DUCHESSE.

Je suis veuve, marquis ; j'ai vingt-cinq ans,
et je veux bien vous avertir que vous entrepre-
nez une tâche difficile. Je ne saurais aimer à
cette heure ; mon mari m'a guéri des premières
illusions, la vingt-cinquième année m'a guérie
tout à fait. En un mot, celui-là sera bien habile
qui me surprendra hors de mes remparts.

LE MARQUIS.

Madame la duchesse, votre sécurité est un
piége qui tournera contre vous ; prenez-y garde.

LA DUCHESSE.

Grand merci du conseil ; mais je ne puis en bonne conscience vous faire plus effrayant que vous ne l'êtes.

LE MARQUIS.

Oh ! vous ne me comprenez point, madame ; ce n'est vraiment pas moi qui suis à craindre, mais l'ennui, le *je ne sais quoi*, les circonstances, le hasard, vous êtes veuve...

LA DUCHESSE.

Grâce au ciel !...

LE MARQUIS.

Grâce au ciel ?... Comme vous dites cela du fond de l'âme... C'était donc un affreux tyran, ce pauvre duc ?...

LA DUCHESSE.

Fi donc !... qu'est-ce que cela... un tyran ?... C'était, comme vous vous intitulez fièrement, vous autres hommes, un homme *à bonnes fortunes ;* nous autres femmes nous appelons cela d'un mot plus vrai : ce pauvre duc... était un *coureur...*

LE MARQUIS.

J'entends ; et à force d'avoir couru, l'infortuné vous a laissée veuve. Grâce au ciel !

LA DUCHESSE.

Pour cela... bon !

LE MARQUIS.

Oui-da? à vingt-quatre ans, veuve, libre,
belle, un peu esseulée, et par-dessus le marché
une solide fortune ; comme qui dirait une boule
de neige de successions.

LA DUCHESSE.

Oui, Dieu merci ; mais où voulez-vous en
venir?...

LE MARQUIS.

Moi? à rien ; j'en suis où vous en êtes. Nous
disions donc : *grâce au ciel*, vous êtes veuve et,
Dieu merci, vous êtes riche ; est-ce cela?

LA DUCHESSE.

Ah çà!... marquis... quelle est cette nouvelle
entrée de jeu?... Me voulez-vous faire passer
pour anthropophage? avec votre Dieu merci...
l'accent que vous y mettez ne me convient pas...
Je dis : *Dieu merci*, et non pas, *Dieu merci!!!*
Voulez-vous pas que j'aille pleurer quelques
vieux parents que je n'avais jamais vus...

LE MARQUIS.

Mais, voilà une querelle d'Allemand. Et qui
parle de vous reprocher quoi que ce soit?...
Je dis comme vous, et avec vous : vous êtes
veuve, grâce au ciel! et riche, Dieu merci!
Pour comble de bonheur, je ne vois personne
qui ait droit d'assiduité auprès de votre veu-

vage, sinon moi; et... suivez-moi bien! à force de voir toujours le même visage, vous en prendrez l'habitude, et de façon à ne plus savoir vous en passer. Ce qui fait, qu'un jour ou l'autre, sans le savoir, sans le vouloir, sans résistance, sans façons et sans remords, vous vous direz à vous-même : Ma foi, à tout prendre, cet homme-là est plus aimable que je ne pensais.

LA DUCHESSE.

La chute est jolie... C'est donc là que vous en vouliez venir?... Ah! bon Dieu! quelle idée avez-vous de moi; vous êtes mon parent, par malheur; les convenances m'ordonnent de vous recevoir, mais mon cœur, ce pauvre cœur, dont vous faites le but de vos soupirs et de vos bons mots, est tout entier où vous n'êtes guère ; dans le monde, au bal, au spectacle. Ce soir, par exemple, ce cœur volage occupe, bel et bien, une grande loge aux avant-scènes de l'Opéra, pour la pièce nouvelle. Vous ne voyez ici, dans ce reste de deuil, qu'une pâle copie de moi-même, le moi, qui n'est pas moi, pendant que le vrai moi, en grande toilette, en grande parure, des fleurs à la main, admirée, enviée, prête une oreille attentive et charmée, au *Prophète* de Meyerbeer. Vous jouez avec une illusion ; ma vie n'est point ici, marquis, c'est mon ombre.

LE MARQUIS.

En ce cas, permettez-vous que je baise l'ombre de ces jolis doigts, qui agitent l'éventail à l'avant-scène et qui déchirent, ici même, cette ombre de mouchoir?

LA DUCHESSE.

Déchirent... déchirent... où voyez-vous cela? Ce sont des jours que j'agrandis.... par préoccupation.

LE MARQUIS.

Cela se voit de reste; mais le pauvre mouchoir finira par passer, tout entier, à travers ces jours.

LA DUCHESSE.

Que vous importe?

LE MARQUIS.

Au fait!... Mais que vous êtes de maussade humeur!... Adieu, duchesse!

LA DUCHESSE.

Vous êtes intelligent, marquis...

LE MARQUIS.

Voilà un mot qui me fâcherait s'il était vrai. Ma seule prétention, c'est d'être intelligent de façon à me faire rappeler, après un tour ou deux dans votre parc.

LA DUCHESSE.

Comment! vous sortez comme cela, à pied, par

bonté pour messieurs vos chevaux?... vous êtes
une bonne âme...

LE MARQUIS.

Encore un compliment que je n'accepte pas;
je vais à pied parce que c'est plus tôt fait, et parce
que je sais fort bien que je n'irai pas loin, si
vous entendez vos intérêts.

LA DUCHESSE.

Mes intérêts?

LE MARQUIS.

Eh! oui, car, en me promenant, je vais passer en revue tous vos défauts.

LA DUCHESSE.

N'avais-je pas raison de dire que vous alliez
vous fatiguer?

LE MARQUIS.

Je suis trop galant homme pour en convenir.

(Il sort.)

SCÈNE II.

LA DUCHESSE seule.

Il s'en va; il a le dernier... mais aussi, c'est
ma faute; toutes les femmes qui restent chez
elles, pour être veuves, ont quelque ouvrage
d'étiquette, noir, blanc ou gris de lin, qui leur
donne une contenance; voilà une précaution que
j'ai négligée; cela m'embarrasse de causer avec
le marquis, sans rien dans les mains. Que faire ?
Commencer un travail de longue haleine, quelque broderie à la Pénélope... il n'est plus temps !
et ce serait à désespérer tout le monde ! Bon... je
vais prendre un livre bien savantas ! n'ai-je pas
quelque part, dans mon chiffonnier, un livre de

(Elle cherche dans un meuble.

M. de Humboldt?... voyons... non... qui me l'a
pris donc? mon Dieu, où ai-je pu mettre ce
chaos? Le marquis va revenir... ah! voilà mon

(Elle l'ouvre.)

garde-fou. Bon Dieu, comme cela doit être en-

(Elle s'assied et lit.

nuyeux !... Allons, un peu de courage !... ah ça,

(Elle relit et bâille.)

il ne revient pas. Il est charmant! il parle de

passer la revue de mes défauts, comme si j'en
avais un régiment. C'est décidément un mal-appris. Mon père avait bien affaire d'être son oncle!
Je l'ai sur les bras pour toute ma vie. Mais c'est

(Elle relit, puis jette le livre sur la table.)

qu'il ne revient pas. Bon Dieu, qu'est-ce que
tout cela me fait?... Ce pauvre marquis, c'est qu'il
m'aime tout de bon! Sans cela serait-il ici?
Pour un homme du monde est-il rien de triste
comme ce vieux château, au fond de ce vieil
Anjou, qu'il est venu habiter là tout près de moi,
sous prétexte de surveiller des réparations! Je
ne suis pas dupe, cousin, vous êtes venu sécher
les larmes que j'aurais dû verser, et me distraire
un peu de mon rôle de pleureuse. Je vous en sais
gré au fond, et je vous aimerais, si l'amour ne
conduisait pas au mariage. Mais à quoi bon commencer un roman pour arriver *ric à rac* à l'é-
charpe de M. le maire! Une fois mariée, adieu
l'empire, adieu la fête de dire *oui* ou *non!* Une
fois marié, vous seriez tout bonnement un mari,

(Elle se lève et va à la fenêtre.)

cousin; un mari, c'est tout dire... Oui-da, le

(Parlant de la fenêtre.)

voilà qui se promène; il s'arrête! Non, non,
marquis, je ne vous rappelle pas; le fat! Allons,
je vais jouer du piano et chanter.

(Elle se met au piano et chante.)

Air : *De la Sirène*, d'Auber.

De nos mêmes années,
Tendre et doux souvenir,
Les mêmes destinées
Doivent nous réunir.
Toujours pure et fidèle
Je t'ai gardé ma foi.
Reviens, ma voix t'appelle ;
Reviens, ou près de toi
   Rappelle-moi.
     Reviens...

SCÈNE III.

LA DUCHESSE, LE MARQUIS.

LA DUCHESSE cessant de chanter.

Je vous préviens, marquis, que je vous vois dans la glace.

LE MARQUIS.

Ma parole d'honneur je ne me cachais pas. Je suis enchanté que vous me voyiez, vous pouvez juger de mon empressement à me rendre à votre appel.

LA DUCHESSE.

Quelle est cette nouvelle impertinence?... je ne vous ai point appelé, que je sache?

LE MARQUIS.

Et cette romance, duchesse : Reviens, reviens, ma voix t'appelle, en *mi-bémol !*

LA DUCHESSE.

Cette romance, marquis, c'est la *Sirène.*

LE MARQUIS.

Parfaitement approprié à la circonstance, si-

rène, car vous m'avez charmé, dans le vrai sens
*(Ils quittent le piano et reviennent près de la table; la duchesse prend
le livre; le marquis la regardant.)*
du mot. Mais, qu'avez-vous là?... Un Monde! ah!
ah! comme vous y allez, madame la duchesse!
du Humboldt, du bel Humboldt, franco-alle-
mand. Comment! ma précieuse cousine, voilà vos
joujoux? Vous n'avez pas d'autre tête-à-tête?
Du grec! Ah! pour l'amour du grec, souffrez...
Là, vraiment, vous m'étonnez; mais c'est bien
de votre part... M. de Humboldt...

LA DUCHESSE.

Eh bien, oui, M. de Humboldt, cela vaut bien
vos madrigaux, monsieur mon beau cousin.

LE MARQUIS.

Sérieusement, madame, vous vous êtes jetée,
la tête la première, dans ce puits d'érudition?
en ce cas, parlez-moi de M. de Humboldt, ex-
pliquez-moi le *Cosmos*.

LA DUCHESSE embarrassée.

Mais, sans doute; c'est là un beau talent, et
je... Eh bien, marquis, vous êtes donc revenu à
propos?

LE MARQUIS.

Ne m'avez-vous pas appelé?...

LA DUCHESSE.

Voyons, dites-moi, de grâce! pourquoi vous
devenez insupportable à ce point-là?

LE MARQUIS.

Je vous aime passionnément. Est-ce un bon motif?

LA DUCHESSE.

Il est bon , mais il ne faut pas en abuser.

LE MARQUIS.

Quoi! duchesse, pas un ne saura donc vous toucher ?

LA DUCHESSE.

Touchée !... moi touchée. Si c'est là votre éloquence, n'y comptez pas, mon cher cousin.

LE MARQUIS.

Si vous saviez, madame , quelle douce folie est mon amour! vous seriez plus indulgente. Oui, s'il vous était possible de ne pas rire, même quand vous n'avez pas envie de rire, vous verriez si je suis touché , en effet , et vous seriez saisie d'une telle pitié , que vous deviendriez charitable pour un amour qui ne demande presque rien !

LA DUCHESSE.

Peu de chose, en effet, mon cœur et ma main !

LE MARQUIS.

Duchesse ! c'est ma vie que j'offre en échange.

LA DUCHESSE.

Tenez, mon cousin , de bonne foi, vous m'im-

patientez; mais comme, après tout, je n'ai d'autre distraction ici que ma volière, il faut bien
que je vous supporte. Ainsi, ayez donc, je vous
prie, l'extrême obligeance de faire quelques frais
d'amabilité, et puisque vous voilà revenu du
parc, qu'il fait froid, et que nous avons bon feu,
asseyons-nous et causons, comme de bons amis,
de choses et d'autres : les seules intéressantes
pour de braves gens, qui ne songent point à
mal, ni à mariage, par conséquent; mettez de
côté votre galanterie, elle vous servira un autre
jour, quand vous aurez quelque belle dame à
épouser ou à séduire, et que la dame ne deman-
dera pas mieux que de vous suivre en croupe,
ou de marcher tout droit à l'autel... Pour ma
part, je n'en suis ni là, ni là.

LE MARQUIS.

Vous avez grand air, cousine, à me parler
comme vous faites... prenons donc, ici, place
comme vous souhaitez .. et causons comme
deux conseillers à la cour de cassation.

LA DUCHESSE.

Eh bien ! soit.

(Ils s'asseoient.)

LE MARQUIS.

Mais enfin, je voudrais bien savoir qui vous
rend si forte... Sans me vanter, je ne suis pas
déjà si mal tourné... je ne suis pas un sot, un

niais encore moins... mes intentions sont bonnes, ma tendresse est vraie ; j'ai pour moi les convenances, l'usage, les bruits et le consentement du monde... le voisinage, la parenté ; j'ai votre isolement, j'ai votre jeunesse, tout enfin... et je ne vois pas pourquoi vous êtes à me rire au nez, comme si j'étais vieux... sot... bête... insipide, bossu... et sur le retour du retour !

LA DUCHESSE.

Ah ! fi ! voilà que vous brûlez vos vaisseaux. Monsieur qui fait son apologie ! Monsieur qui se trouve charmant !... Il n'y a rien de pareil dans le Cosmos de M. de Humboldt.

LE MARQUIS.

Moi ! un fat !... non. Pas plus que vous n'êtes Célimène je ne suis Oronte... Moi, un fat !... Autant vaudrait dire que vous êtes une coquette... et vous avez beau faire, vous ne l'êtes pas !

LA DUCHESSE.

Que dites-vous donc ? Toutes les femmes le sont un peu.

LE MARQUIS.

Ah ! vous êtes mieux que cela. Une coquette veut plaire à tout le monde. Vous ne cherchez à plaire à personne. Je vous connais depuis longtemps... Du temps où vous étiez laide, à seize ans.

LA DUCHESSE.

Qu'est-ce que cela prouve?

LE MARQUIS.

Rien absolument, sinon qu'à force d'art, d'esprit, d'habileté, de bonheur, peu à peu, et chaque jour vous avez gagné une grâce nouvelle, chaque matin vous donnait une beauté de plus;… en même temps, plus vous étiez belle, plus vous étiez fière. Vous aviez l'air de nous dire : Tant pis pour vous, ma beauté est mon ouvrage ; c'est l'œuvre de ma patience, de mon étude, de mon génie. Je ne dois rien à personne, je dois tout à moi-même. Aimez-moi, si cela vous amuse, mais que m'importe? —Voilà votre intime pensée, madame la duchesse. Vous êtes fière d'être belle, comme d'autres en sont heureux… Moi qui vous parle, par exemple, où est le mérite que je sois beau comme Adonis? C'est le bon Dieu qui m'a fait ainsi, et mon talent n'a rien à y voir; je suis beau, parce que je suis beau, par hasard, et si je m'en vante, c'est parce qu'il n'y a pas de quoi se vanter.

LA DUCHESSE.

Ah! nous en sommes là, déjà… Ah! vous voilà en train de chanter vos propres merveilles et de vous dire, à vous-même, tout bonnement : charmant marquis, bonjour ; bonjour, marquis charmant.

LE MARQUIS.

Tout bonnement… je suis beau comme l'oiseau chante, et vous vous. êtes belle comme chante la Grisi. L'oiseau ne se doute pas de ses mérites, la Grisi en est fière ; ils ont raison tous les deux.

LA DUCHESSE.

Vous raillez , et moi je dis sérieusement , sans exagération , car exagérer c'est s'appuyer sur de mauvaises raisons, faute de bonnes : en un mot comme en cent, que l'amour ne me convient pas, ne me plaît pas, ne m'amuse pas… est-ce clair ? Je sais ce que je sais… chacun de nous a ses moyens de défense. Vous avez vos beaux yeux, j'ai mon expérience. J'ai souffert et je me souviens… J'avais vingt ans, on m'a donné un mari presque laid et certainement vieux ; je commençais à être jolie, il finissait d'être un des hommes les plus disgraciés du royaume, et je pleurais d'en être délaissée. O mes larmes ! mes pauvres larmes… Je n'en veux plus répandre. Être libre, être à soi, s'aimer un peu soi-même, et si le bonheur vous échappe, n'avoir à s'en prendre qu'à soi-même ! c'est-à-dire point de re-grets, point de remords ! Jamais je ne me par-donnerai ce premier mariage, et vous pensez bien que je n'irai pas, de gaieté de cœur, m'exposer de nouveau, à tant de reproches. Donc, mar-quis, touchez là… vous n'aurez point ma main.

LE MARQUIS *lui prenant la main.*

J'accepte, en attendant mieux.

LA DUCHESSE.

Quel mieux ?

LE MARQUIS.

Que sait-on ? je crois au petit dieu malin,
comme disait maître Demoustier, de son vivant.

LA DUCHESSE.

De son vivant... c'est-à-dire que le petit dieu
est mort. Mais quel pathos dites-vous là, marquis ?... Le petit dieu malin èst mort... les
petits marquis l'ont enterré... *De profundis !*

LE MARQUIS.

Mais, en fin de compte, il faut à un jeune cœur
autre chose que de la liberté. Prenez-y garde,
vous avez beau dire et vous avez beau faire, on
peut fondre les glaces de votre cœur, et alors,
songez-y bien, en vain vous me cacherez l'aveu
en question, vous serez trahie par un rien, un
mot, un geste, un regard, un silence, et voilà
une femme dont le secret s'envole... courez
après si vous pouvez.

LA DUCHESSE.

Fort bien, marquis.... Je consens à cela. Eh
bien, dans ce cas, ma fierté demanderait grâce
et merci, et je dirais, bien confuse, au vainqueur,
laissez-moi fuir ce danger que j'ignorais, laissez-

moi par grâce sortir de cette épreuve! Oui, mais avant d'en arriver à cette confusion, marquis, voyant ma raison faiblir, et s'affoler mon cœur, je prendrais cette petite chose que

(Elle prend une sonnette placée sur la cheminée.)

vous voyez là, et en agitant seulement la main comme ceci, j'appellerais à mon aide un auxiliaire infaillible, qui sous un prétexte quelconque ne manquerait pas de me faire revenir du pays des songes pour rentrer dans la vie réelle. — Voilà ce que je ferais. N'en préjugez

(Lucy entre; la duchesse ayant sonné.)

rien, toutefois, si j'ai joint l'exemple au précepte... C'est tout simplement que je veux, à mon tour, prendre l'air, que j'ai besoin d'une pelisse pour n'avoir pas froid, et que je veux surtout vous laisser ici, rêvant aux glaces de mon cœur!

(Lucy revient avec un manteau qu'elle met sur les épaules de la duchesse.)

LE MARQUIS.

Duchesse, laissez-moi vous suivre.

LA DUCHESSE sortant.

Marquis, essayez de l'absence, qui sait si ce n'est pas là le meilleur moyen de me plaire?

(Elle sort.)

SCÈNE IV.

LE MARQUIS seul.

Quel entêtement ! Elle ne conviendra pas qu'elle m'aime, et pourtant, voici bien les fleurs que je lui ai données , elle les a soigneusement

(Il prend le mouchoir de la duchesse.)

gardées, là , dans ce coin brodé. Elle n'en conviendra pas ! Alors, à quoi bon cette retraite absolue, quand son deuil finit, quand Paris l'attend et l'appelle?... Elle m'aime, j'en suis sûr, mais elle veut être vaincue... Les femmes n'y entendent rien ; elles bataillent toujours pour se laisser prendre, quand on leur saurait si bon gré de se donner. Vous n'en verrez jamais une vous dire d'une voix naturelle : Eh bien oui, je vous aime, ne me le demandez pas deux fois, c'est perdre du temps. La plus sensée et la plus honnête va exiger une cour de deux mois, quatre mois, six mois, l'éternité !... Elles veulent céder, pied à pied, le terrain perdu , et arrivées au bout du sentier, elles ne voient pas que c'est de l'habileté dépensée en pure perte. Elles se sont fatiguées à courir, nous à les suivre ; elles à la défense, nous à l'attaque, et pourquoi? pour finir par se rendre en louvoyant. La duchesse m'aime, cela n'est pas douteux. Elle est libre... pourquoi tous ces retards, pourquoi ces choses de l'autre monde? O femmes! gracieux caprice de Dieu! chef-d'œuvre de la création! c'est sûrement le diable qui vous a gâtées ainsi!...

SCÈNE V.

LE MARQUIS, LUCY.

LUCY.

Que vous a donc fait le diable, monsieur le marquis, que vous semblez si courroucé contre lui?

LE MARQUIS.

Ce qu'il m'a fait?... Mais il m'a fait, sans aucun doute, tes yeux noirs, et ce joli visage, qui me damnerait, mon enfant, si je n'y prenais garde...

LUCY.

Allons donc, monsieur le marquis... si ma maîtresse vous entendait...

LE MARQUIS observant.

De bonne foi, Lucy, cela lui déplairait-il pas un peu?

LUCY gravement.

Sans aucun doute, monsieur... Madame la duchesse tient à la décence de sa maison.

LE MARQUIS.

Miss Lucy, comme une vraie femme que vous

ètes, vous allez user votre esprit à jouer au fin contre vous-même. — Oui, tu vas perdre ton temps à me dire mille choses oiseuses, quand tu pourrais, d'un mot, compter avec moi. Voyons, expliquons-nous... Mademoiselle Lucy veut-elle être une femme de chambre inutile... alors, va... range... fais ta besogne... je te présente mes respects... Au contraire, veux-tu me rendre un grand service et te faire un ami d'un voisin de campagne, je te prie de rester... et je reste. — Ah ! Lucy, s'il ne fallait qu'un baiser et vingt louis !...

LUCY.

Eh ! quel dommage, le baiser a gâté tout le reste... Monsieur le marquis, l'argent suffisait sans le baiser... le baiser suffisait sans l'argent !

LE MARQUIS.

Enfin, parle toujours, nous réglerons plus tard... voyons, Lucy, qu'a fait ta maîtresse, ce matin ?

LUCY.

Madame la duchesse, en s'éveillant, a envoyé chez monsieur le marquis pour l'inviter à dîner.

LE MARQUIS.

Après ?

LUCY.

Après ?... Madame la duchesse m'a appelée pour que je la coiffe.

LE MARQUIS.

Et ne s'est-elle pas fait coiffer... mieux que d'habitude?... rappelle-toi.

LUCY.

Dam, monsieur, madame la duchesse s'est fait onder.

LE MARQUIS.

Ah ! fort bien... ensuite elle a déjeuné, sans doute?

LUCY.

Mais, pas trop... madame a émietté son pain et l'a porté aux oiseaux de la volière.

LE MARQUIS.

Très-bien... s'est-elle un peu occupée du dîner?

LUCY.

Oui, monsieur, à mon grand étonnement, madame a fait venir le maître d'hôtel et s'est informée de ce qu'on servirait... puis madame a été, elle-même, dans les serres, et a désigné les fleurs à mettre dans les vases.

LE MARQUIS à part.

(Haut.)

Elle m'aime, c'est très-évident. Dis-moi, Lucy, ta maîtresse lit-elle souvent?

LUCY.

Oh ! pas beaucoup, monsieur.

LE MARQUIS.

Mais encore... quels livres?

LUCY.

Je puis vous le dire, monsieur, car je les ouvre souvent pendant que madame est à la promenade, c'est très-amusant; il y a d'abord M. Alfred de Musset, l'*Imitation de Jésus-Christ* et *les Mystères de Paris*.

LE MARQUIS à part.

Aïe! aïe! que nous voilà bien loin du Cosmos
(Haut.)
de M. de Humboldt. C'est bien, Lucy, que te faut-il, ma belle, est-ce le baiser ou...?

LUCY un peu embarrassée.

Monsieur le marquis, si cela vous est égal, je préfère une honnêteté *en or*.

LE MARQUIS.

Voilà ma bourse, mon enfant... La neige tombe... ta maîtresse va rentrer... sauve-toi... et merci.
(Il l'embrasse : elle se sauve.)

LE MARQUIS seul

A nous deux maintenant, madame la sournoise; tâchons de vous ennuyer et surtout de vous étonner.
(Il s'assied sur le canapé, et fait semblant de dormir.)

SCÈNE VI.

LE MARQUIS, LA DUCHESSE.

LA DUCHESSE *entrant vivement.*

Quel froid, bon Dieu! Marquis, je vous dois
encore de m'être enrhumée; sans vos conversa-
tions saugrenues, je n'aurais sûrement pas songé
à quitter ce feu... et je ne me serais pas expo-
sée à... Eh bien, il dort!... Qu'on dise encore
que les amoureux ont de l'instinct! Certainement
le marquis est fou d'amour, cela n'est pas dou-

(Elle tousse.)

teux, et il dort!... Il dort les yeux fermés quand
il pourrait me voir!... Hum! hum!

LE MARQUIS *sans ouvrir les yeux.*

Je vois ce que c'est...

LA DUCHESSE.

Est-ce qu'il va rêver, maintenant? Oh! comme
je détesterais un homme qui rêverait tout haut...

LE MARQUIS.

Je vois ce que c'est, duchesse : vous aurez
pris froid, c'est pour cela que vous toussez...

LA DUCHESSE.

Vous êtes d'une grande lucidité, marquis, quand vous dormez. Oui, sans doute, je tousse parce que j'ai pris froid... et si vous n'étiez pas là, encombrant mon canapé, j'aurais quelque chance de pouvoir me chauffer les pieds.

LE MARQUIS se levant.

Duchesse, vous me maltraitez trop, et je m'en vais tout de bon, cette fois...

LA DUCHESSE.

Sérieusement?

LE MARQUIS.

Sérieusement.

LA DUCHESSE.

Mais il neige...

LE MARQUIS.

J'affronterais toutes les tempêtes du ciel, cousine, pour échapper à celle que je vois s'amonceler sur votre front.

LA DUCHESSE.

Vous ne croyez donc pas à l'arc-en-ciel?

LE MARQUIS.

Si fait, cousine; mais la foudre! je n'aurais qu'à mourir pendant l'orage...

LA DUCHESSE.

Mourir!

LE MARQUIS.

C'est une figure, duchesse... J'entends que

je pourrais perdre vos bonnes grâces, et je vous
sais si fantasque et si impressionnable, que je vous
crois très-capable de prendre au sérieux ce que
vous dites, et de m'en vouloir réellement des
torts que vous me prêtez...

LA DUCHESSE.

Me prenez-vous pour une folle, marquis?

LE MARQUIS.

Mon Dieu, comme vous me rudoyez aujour-
d'hui! Ne puis-je parler de vos caprices, qui
sont un de vos charmes, madame, sans vous
sembler grossier et mal-appris?...

LA DUCHESSE à part.

Il me faut tout mon sang-froid pour ne pas lui
dire de méchantes choses. M'aime-t-il réelle-
(Haut.)
ment?... Marquis, je ne sais à quoi cela tient, mais
le fait est que nous ne nous entendons pas le
moins du monde! Il s'est glissé entre nous une
humeur piquante, dont je ferais bon marché,
pour ma part, si vous vouliez...

LE MARQUIS.

Ah! ah! duchesse... vous avez peur!

LA DUCHESSE.

De vous, n'est-ce pas?

LE MARQUIS.

Pourquoi donc pas?

LA DUCHESSE.

Parce que... ma fierté...

LE MARQUIS.

Et ma passion...

LA DUCHESSE.

Votre passion, toujours votre passion, mêlée de menaces, de piqueries, de colère, de sommeil, de nuages. Cela me fatigue et m'ennuie à la fin.

LE MARQUIS.

Bon! prenez garde, je vous avertis, comme aux échecs; voilà déjà que je vous ennuie...

LA DUCHESSE.

Oui, oui, vous m'ennuyez, marquis, et il y a longtemps encore; mais je ne vous en aime pas plus pour cela.

LE MARQUIS.

N'importe; notez, je vous prie, ce premier point : je vous ennuie.

LA DUCHESSE.

C'est noté; mais, croyez-moi, votre système est pitoyable; renoncez-y.

LE MARQUIS.

Y renoncer!... Et l'égoïsme, la vanité, l'amour-propre, toutes mes vertus?

LA DUCHESSE.

Les aimables défauts! les trois gracieux défauts! Égoïste et vaniteux, où cela vous mène-t-il?

LE MARQUIS.

L'égoïsme : à sacrifier votre plaisir au mien !
la vanité : à me croire aimé de vous ! l'amour-
propre : à vous en faire convenir.

LA DUCHESSE.

Voilà de la franchise. Faut-il rire ou me fâcher ?

LE MARQUIS.

Vous fâcher certainement. Si vous riez, vous
serez désarmée, et moi aussi.

LA DUCHESSE.

Mais si je me fâche, je dois vous mettre à la
porte, et il neige...

LE MARQUIS.

Que vous importe la neige, si vous ne m'aimez
pas ?... — Vous ne reconnaissez pas votre cœur,
et cet excès d'attention...

LA DUCHESSE après un silence.

L'affreux temps ! Que faites-vous donc, mon
cousin ?

LE MARQUIS.

Duchesse, je vous baise la main pour faire la
paix...

LA DUCHESSE.

Nous ne sommes point en guerre ; votre plai-
santerie est un peu maussade, il est vrai, mais
chacun fait de son mieux...

LE MARQUIS.

Sérieusement, je vous adore, et il faudra
bien que vous m'aimiez.

LA DUCHESSE.

Sérieusement, vous devenez insupportable...
allez-vous-en.

LE MARQUIS.

Désespérez-moi, vous en avez le droit. Je suis
bien malheureux! mais je ne veux pas vous fatiguer de mes plaintes. C'en est fait! vous ne
m'aimerez jamais. Adieu! adieu! ayez un regret
pour l'amant fidèle, pour l'ami sincère que vous
repoussez si cruellement, adieu!

LA DUCHESSE un peu émue.

Adieu! rêvez-vous? vous dînez ici, ce me
semble. Voyons, ne dites rien, et ne partez pas
tout à fait. Laissez-moi quelques instants seulement, que je reprenne haleine; en vérité, vous
me tourmentez trop. Là, vraiment, laissez-moi,
et dites, je vous prie, à l'antichambre qu'on
m'apporte du bois.

(Le marquis sort d'un air navré.)

SCÈNE VII.

LA DUCHESSE seule et émue.

Pauvre homme, comme il souffre! Il dit vrai, c'est un ami sincère... un amant fidèle, et quoiqu'il dorme dans le jour, ce qui est un horrible défaut, j'aimerais mieux épouser lui que tout autre; mais, quand à peine je suis veuve et libre...

(Elle va s'asseoir sur le canapé.)

J'en suis fâchée pour vous, mon cousin... vous attendrez... Si votre amour est robuste il survivra; sinon ce sera autant de gagné...

SCÈNE VIII.

LA DUCHESSE assise. **LUCY,**

LA DUCHESSE à Lucy qui apporte du bois.

Où donc est le marquis?

LUCY mettant du bois au feu

Monsieur le marquis, madame? Il est sur le
grand bassin; il patine...

LA DUCHESSE très-surprise.

Comment, il patine?

LUCY.

Oui, madame...

LA DUCHESSE.

(Lucy sort.)

Allez le chercher... Celui-là est trop fort, par
exemple. Se moque-t-il de moi, ce marquis de
malheur? Il ne m'aime pas, rien n'est plus clair!
Je vais le congédier.

SCÈNE IX.

LE MARQUIS, LA DUCHESSE.

LA DUCHESSE.

Ah ! vous voilà, monsieur ; vous patiniez, à ce qu'on dit ?...

LE MARQUIS.

Oui, duchesse.

LA DUCHESSE.

C'est sentimental !

LE MARQUIS.

Non, duchesse... mais cela réchauffe.

LA DUCHESSE.

Monsieur, quand on est renvoyé par la femme qu'on dit aimer, on a froid, on gèle, on se désole, on se met en colère, mais on ne patine pas... Patiner !... cela s'est-il jamais vu ?...

LE MARQUIS.

C'était par fierté, duchesse ! Pour que vous ne vous réjouissiez pas de ce que je souffre.

LA DUCHESSE après un temps.

Je ne sais que faire de vous, en vérité !

LE MARQUIS.

Épousez-moi…

LA DUCHESSE.

Ah bien oui, vous épouser! un homme qui
dort, qui rêve tout haut, qui patine! Cherchez
vos victimes ailleurs, monsieur… Ah bien oui,
me marier avec vous! Une fois marié, savez-
vous ce que deviendrait ce bel amour?… Ce
bel amour aurait encore quelques éclairs, pendant les six premiers mois, et je vous traite en
amie! Bientôt monsieur irait à la chasse, pour
commencer… après la chasse viendraient les
devoirs du monde, et monsieur me dirait : C'est
bien fatigant, le monde, si vous restiez chez
vous ce soir? Ou bien, si par bonne fortune, et
je serais une heureuse femme, vous me faites
la grâce de rester dans votre maison, il faudra
vous aller trouver au chenil, à l'écurie, que
sais-je? Vous me ferez essayer quelque jument
qui me jettera à terre, et me cassera le cou.
J'en aurai de l'humeur si j'en réchappe, et si
j'en meurs, vous en aurez des remords éternels.
C'est ma vie, marquis, que je défends ici, en-
tendez-vous. Non, non, point de mariage! — Et
le tabac que j'oublie, le tabac, cet ennemi mortel
de l'amour, comme dit Byron. Pour ne pas me
quitter, vous fumerez chez moi, dans mon cabi-
net; vous empesterez tout, vous noircirez mes

rideaux et me donnerez une bronchite… à moins
que je ne vous mette à la porte, où vous reste-
rez patiemment, pour l'amour de vos chers ci-
gares. Quelle agréable perspective ! la jolie
chose que le mariage ! Non , non, ennuyez-moi
tout à votre aise, mieux vaut à présent que plus
tard. Je ne vous épouserai pas, marquis ! Certes,
je ne suis pas coquette ; cependant je ne veux
pas renoncer au plaisir de vous voir ainsi, les
yeux levés au plafond par amour ! — Oh ! vous
les baissez, marquis, mais ils y étaient. — La
bouche en cœur, la moustache parfumée et la
tenue irréprochable, comme il convient à tout
homme faisant sa cour. Vous épouser, marquis,
allons donc ! vous me feriez payer tous ces petits sacrifices que vous me faites depuis trois
mois.

> Je vous paierai, lui dit-elle,
> Avant l'août, foi d'animal !
> Intérêt et principal.

LE MARQUIS.

Sur ma parole d'honneur, ma cousine, si en
effet vous ne m'aimez pas plus que vous ne le
dites, vous êtes la femme la plus horriblement
coquette qui se soit jamais rencontrée, de la
rue de Grenelle à la rue Saint-Honoré, en
passant par la Chaussée-d'Antin.

LA DUCHESSE.

Bon ! voilà que vous parlez comme un omnibus... Mais en quoi suis-je coquette, je vous prie ?

LE MARQUIS.

En ce que vous faites tout ce que vous pouvez pour me rendre fou d'amour.

LA DUCHESSE.

Mais encore, où voyez-vous cela ?

LE MARQUIS.

Oh ! à mille choses : d'abord vous êtes parée...

LA DUCHESSE.

Allons donc, marquis ! Je me pare pour mon cocher, quand je sors en voiture...

LE MARQUIS.

Duchesse, je sais ce que je dis ; je vous ai surprise souvent au coin de votre feu... et d'abord vous n'aviez pas ces cheveux-là... vous êtes *ondée*, duchesse.

LA DUCHESSE.
Qu'est-ce que cela prouve ?

LE MARQUIS.
Que vous m'attendiez.

LA DUCHESSE.

Oui, sans doute, je vous attendais, puisque je vous ai fait prier de dîner avec moi.

LE MARQUIS.

Oui, mais, là... vous m'attendiez... d'une cer-
taine façon, comme qui dirait sur le *qui-vive?*

LA DUCHESSE.

Ah çà ! perdez-vous la tête ?...

LE MARQUIS.

Ensuite vous avez essayé d'autres séductions ;
vous avez pris un livre de M. de Humboldt...
pour me faire croire à votre amour des sciences
que je vous ai dit souvent être un charme chez
une femme.

LA DUCHESSE.

Décidément, marquis, vous m'ennuyez trop.

LE MARQUIS.

Pas encore assez , madame... pas autant que
M. de Humboldt !

LA DUCHESSE.

Encore ! Pourquoi cette insistance ? Voici une
heure que vous m'irritez à plaisir... Pourquoi
me dire de ces choses qui déplairaient à toutes
les femmes ?

LE MARQUIS.

Parce que je puis vous les dire sans vous of-
fenser... Toutes les femmes ont de ces petites
faiblesses-là... et si on ne leur en dit rien, c'est
qu'on les sait trop peu habiles pour en convenir,
ou qu'on les estime trop peu pour s'en occuper.

Mais avec vous, ma cousine, c'est tout différent.
M. de Humboldt, par exemple, vous a sûrement
ennuyée; lisons-le ensemble, et cela vous plaira
fort, car vous avez tout autant de sérieux dans
l'esprit qu'il en faut pour apprécier les choses
sérieuses, dites sérieusement.

LA DUCHESSE.

Voici maintenant que vous allez me démon-
trer par A plus B comme quoi il faut, absolument, que je vous épouse, si je veux comprendre
M. de Humboldt.

LE MARQUIS.

Non, non, ma chère cousine, épousez-moi,
pour avoir dans la vie un abri, un soutien, un
refuge, un devoir même. Vous vous calomniez;
il faut à votre cœur non pas les distractions du
moment, mais une affection vive, qui y prenne
la meilleure place. Vous avez été éprouvée,
sans doute, et votre mariage ne vous a guère
réussi; mais pouvez-vous comparer un seul in-
stant l'égoïsme de M. de Pradines et mon
dévouement absolu? Me connaissez-vous d'hier
seulement, et ne vous souvient-il pas que
depuis votre première enfance ma sollicitude
vous a partout suivie? Rassurez-vous sur les
nouvelles craintes qui vous arrivent, et qui ne
sont excusables que par la défiance où vous a
jetée votre premier mariage. Si je vous quitte

pour la chasse, ce sera donc que vous aurez
quelque grave conférence avec votre couturière,
et si je fume mon cigare à votre porte, il faudra
que quelque préparatif de bal ou de fête m'ait
chassé de votre toilette... Allons, allons, un bon
mouvement; aimez-moi, cousine, épousez-
moi... Où trouverez-vous jamais un cœur plus
épris, une affection plus sincère et plus vive?

LA DUCHESSE.

Mon cousin! mon cousin! vous plaidez bien ;
pourquoi faut-il que la cause soit mauvaise?

LE MARQUIS.

Une mauvaise cause, à moi, quand vous êtes
le juge suprême? Ah! ne dites pas cela, ma
cousine; il y a dans votre cœur un écho qui vous
redit les tristesses du mien. D'un mot vous pouvez tout changer en joie; vous voyez bien que
je l'espère, que je l'attends !

LUCY un plat d'argent à la main.

Madame, voici M. le louvetier Restaud Mondragon de Céricourt, qui fait demander l'honneur de dîner avec madame la duchesse.

LA DUCHESSE.

Dîner... ici... aujourd'hui?...

LUCY.

Oui, madame; M. le louvetier demande aussi
l'honneur de présenter à madame la duchesse,
une patte de loup.

LE MARQUIS.

Une patte de loup?

LUCY.

Sur un plat d'argent.

LE MARQUIS.

« Madame, il fait grand vent, et j'ai tué six loups. »

LA DUCHESSE.

Ah! mon Dieu! M. le louvetier Restaud Mondragon de Céricourt... tout est perdu, et voilà vos menaces accomplies...

LE MARQUIS.

Qu'y a-t-il? quelles menaces?

LA DUCHESSE.

Oui, vous aviez raison, et comme vous le disiez tantôt... je ne puis faire qu'un mariage par ennui; or, j'en suis bien fâchée pour vous, vous avez beau faire, vous êtes encore moins ennuyeux que le louvetier Restaud Mondragon de Céricourt avec sa patte de loup...

LE MARQUIS.

Sur un plat d'argent... Et cette patte-là... aurait votre main, ma duchesse?

LA DUCHESSE.

Il le faut bien, si je ne veux pas faire mentir votre prédiction... et puis j'ai rêvé de ce Restaud la nuit passée; et puis il est mon voisin. Il a même un coin de forêt qui entre dans mes bois; si bien que l'on dirait, si je vous épousais :

Bon, voilà le louvetier qui chasse sur les terres de M. le marquis. Enfin ! enfin, le sort en est jeté, je serai par ennui, par nécessité, par voisinage, madame Restaud de Mondragon de Céricourt...

LE MARQUIS.

N'est-ce que cela ? Le louvetier n'est plus votre louvetier ; votre voisin n'est plus votre voisin, sa forêt n'est plus sa forêt ; j'ai acheté ce matin même la baronnie de Céricourt, et pour peu que cela vous plaise, une fois par an, le jeudi gras, sans sortir de chez vous, vous serez madame la louvetière, baronne de Mondragon de Céricourt.

LA DUCHESSE lui donnant la main.

Oh ! pour le coup, voilà qui me décide tout à fait ; que ne le disiez-vous plus tôt, marquis ?

LE MARQUIS lui baisant la main.

Duchesse, il ne faut pas compter sans son hôte.

FIN.

DE L'IMPRIMERIE DE CRAPELET

RUE DE VAUGIRARD, 9

www.ingramcontent.com/pod-product-compliance
Lightning Source LLC
LaVergne TN
LVHW022338170726
843503LV00008B/3427